누리 과정에서 쏙쏙

자연탐구 탐구과정 즐기기 – 주변 세계와 자연에 대해 지속적으로 호기심을 가진다.
　　　　　자연과 더불어 살기 – 주변의 동식물에 관심을 가진다.

초등 과정에서 쏙쏙

통합 여름2　2. 여름 풍경 – 여름을 찾아서
국어 활동 3–1(나)　7. 아는 것을 떠올리며
과학 3–2　1. 동물의 생활 – 사는 곳에 따른 동물의 생활

감수 및 추천 이명근 박사(미국 존스홉킨스 대학교 교수 역임, 현재 연세대학교 보건대학원 교수)

세계 곳곳의 재난지에 뛰어들어 어린이들은 물론 도움이 필요한 사람들을 구조하며 봉사의 삶을 사는 분입니다. 알아야 더 잘할 수 있다는 믿음으로 연세대학교 보건대학원에 '국제 재난 대응 전문가 과정'을 개설하여 많은 재난 구조 전문가를 양성하고 있습니다. 국제 NGO인 '머시코'(Mercy Corp.)와 UNDP(유엔경제개발계획)에서 활동하기도 했습니다. 지금은 재난 구호의 필요성을 알리고, 아시아와 아프리카의 개발을 위해 '코이카'(KOICA, 한국국제협력단)와 국제 개발 기관인 '글로벌 투게더' 등과 함께 봉사에 앞장서고 있습니다.

글 황근기

강원도 춘천에서 태어나 대학에서 국문학을 공부하였습니다. 현재 동화, 만화, 시, 여행기 등 다양한 장르를 넘나들며 글을 쓰고 있습니다. 그동안 쓴 책으로는 〈Why? 로켓과 탐사선〉, 〈과학 첫발 1,2〉, 〈과학대소동〉, 〈꼬물꼬물 갯벌 생물 이야기〉, 〈생각하는 아이를 위한 놀이 과학동화〉, 〈과학귀신〉, 〈리틀 과학자가 꼭 알아야 할 과학 이야기〉, 〈대머리 아저씨의 머리카락〉 등이 있습니다. 특히 인도, 네팔, 티베트 지역의 문화에 푹 빠져 수차례 히말라야 주변을 여행한 뒤 그 경험을 토대로 〈세계 지도로 보는 세계, 세계인〉, 〈100나라 어린이들이 가장 궁금해하는 100가지〉 등을 썼습니다.

그림 임정수

홍익대학교에서 시각디자인을 공부하였고, 그동안 게임 일러스트레이터로 활동하였습니다. 2008년에는 영화 〈쌍화점〉 콘티 작업에도 참여하였으며, 그린 책으로는 〈백조의 왕자〉가 있습니다.

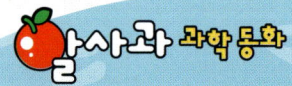

동물 | 갯벌
11. 조개 잡고 게 잡고

글 황근기 | **그림** 임정수
펴낸곳 스마일 북스 | **펴낸이** 이행순 | **제작 상무** 장종남
대표 조주연 | **주소** 서울특별시 종로구 사직로8길 20, 103호
출판등록 제2013 – 000070호 **홈페이지** www.smilebooks.co.kr
전화번호 1588 – 3201 **팩스** (02)747 – 3108
기획 · 편집 조주연 김민정 김인숙 | **디자인** 김수정 정수하
사진 제공 및 대여 셔터스톡 연합뉴스 프리픽

이 책의 모든 글과 그림 등의 저작권은 스마일 북스에 있습니다.
본사의 허락 없이 이 책에 실린 내용의 일부 또는 전체를 어떤 형태로든지 변조하거나 무단 복제하는 것은 법으로 금지되어 있습니다.

⚠ 책을 집어던지면 다칠 수 있으니 조심하십시오. 잘못 만들어진 책은 바꾸어 드립니다.

조개 잡고 게 잡고

글 황근기 | 그림 임정수

옹진 장봉 갯벌은 모래가 발달한 갯벌이에요.

서천 갯벌은 긴 해안선을 가지고 있으며, 모래와 진흙이 잘 섞여 있는 혼합 갯벌이에요.

무안 갯벌은 깨끗한 갯벌로 모래와 진흙이 섞여 있는 혼합 갯벌이에요.

보성 벌교 갯벌은 진흙 갯벌로 강과 바다가 만나는 입구에 있어 *수산물이 풍부해요.

안녕!
나는 *갯벌 사진을 찍는 사진작가야.
나와 함께 갯벌 여행을 떠나 보지 않을래?

갯벌 바닷물이 드나드는 곳에 만들어진 넓은 땅을 말해요.

갯벌에도 여러 종류가 있는데,
이번에는 어떤 갯벌로 여행을 갈까?

그래!
모래와 진흙이 잘 섞여 있는 **혼합 갯벌**이 좋겠다.

모래로 이루어져 있는 **모래 갯벌**

질퍽질퍽한 진흙으로 이루어져 있는 **진흙 갯벌**

모래와 진흙이 적당히 섞여 있는 **혼합 갯벌**

바닷물이 빠져나가면
바닷가에 이렇게 넓은 갯벌이 생겨.
물이 들어오기 전에 얼른 사진을 찍어야겠어.

갯벌에 바닷물이 들어오면 배가
떠다닐 수 있어요.

바닷물이 다시 밀려 들어오면
갯벌은 바닷속으로 사라져 버리거든.

🍅 **밀물과 썰물**
바닷물이 육지 쪽으로 밀려 들어오는 것을 '밀물'이라고 하고, 바닷물이 바다 쪽으로 밀려 나가는 것을 '썰물'이라고 해요. 하루에 밀물과 썰물이 번갈아 두 번씩 일어나는데, 밀물에서 다음 밀물이 되기까지는 12시간이 조금 넘게 걸려요.

흰이빨참갯지렁이는 몸길이가 2미터나 되는 것도 있어요.

참갯지렁이는 집을 만들지 않고, 갯벌 속을 헤집고 다니며 굴을 파고 살아요.

갯지렁이가 먹고 뱉은 흙이에요.

털보집갯지렁이는 몸에 조개껍데기를 붙여서 둥글고 긴 집을 지어 놓고 그 속에 숨어 있어요.

갯벌에는 아주 많은 생물이 살고 있어.
꿈틀꿈틀 움직이고 있는 **갯지렁이**들이 보이지?
갯지렁이들은 갯벌에 구멍을 숭숭 뚫고 돌아다녀.
그래서 갯벌이 숨을 쉴 수 있고, 썩지 않는 거란다.

바위에 붙어서 자라는 **굴**

대나무처럼 가늘고 길게 생긴 **맛조개**

갯벌에는 다양한 종류의
조개들도 많이 살고 있어.
조개들은 아주 느릿느릿 움직여.
그래서 마치 죽어 있는 것처럼 보인단다.

부채꼴처럼 생긴 **꼬막**

낮은 원뿔 모양을 하고 있는
서해비단고둥

모래밭에 구멍을 파고 사는
달랑게

눈자루가 길게 튀어나온 **칠게**

한쪽 다리가 유난히 큰 수컷 **농게**

쉿! **게**가 나타났다!
게는 겁이 많아서 바스락 소리만 들어도
몸을 꼭꼭 숨겨.
그래서 사진을 찍으려면 이렇게 발뒤꿈치를
들고 살금살금 다가가야 한단다.

부리가 활처럼 휜 마도요

갯벌에서 먹이를 잡을 때 부리를 이리저리 젓는 **저어새**

길고 뾰족한 부리로 조개의 살을 파먹는 **검은머리물떼새**

우아, 갯벌을 찾아 **철새**들이 날아오고 있네.
우리나라에 가을에 찾아와 겨울을 나고 가는 철새는 겨울 철새야.
봄에 찾아와 여름을 나고 가는 철새는 여름 철새란다.

주로 서해안의 갯벌에서 살고 있는 **낙지**

갯벌 속에 유(U) 자 모양의 구멍을 파고 사는 **개불**

갯벌 바닥에 수직으로 굴을 깊게 파고 사는 **쏙**

가슴지느러미를 이용하여 갯벌을 뛰어다니는
말뚝망둑어

앗! 갯벌의 왕 **낙지**가 나타났네.
낙지는 원래 갯벌 깊은 곳에 구멍을 뚫고 꼭꼭 숨어서
조개 따위를 잡아먹고 살아.
낙지가 낮에 갯벌 위를 기어 다니는 사진을 찍게 되다니!
우리는 정말 운이 좋은 거야.

갯벌 주변에서 자라는 **갈대**

갯벌에는 여러 종류의 풀이 자라.
바람이 불면 쏴아 소리를 내며 흔들리는 **갈대**들은
갯벌을 깨끗하게 해 주고
겨울 철새들에게 훌륭한 보금자리가 되어 준단다.

이번에는 갯벌에서 **꼬막**을 캐며 살아가는
사람들의 모습을 카메라에 담아 보자.
갯벌에는 진흙이 많아서 발이 쑥쑥 빠져.
그래서 사람들은 저렇게 갯벌 썰매를 타고 다니면서
갯벌 속에 숨어 있는 꼬막을 캔단다.

갯벌에서 타고 다니는
갯벌 썰매

갯벌 썰매에 한쪽 무릎을 세우고, 다른 한쪽 다리로 갯벌을 밀면서 움직여요.

이번 여행에서 찍은 갯벌 사진들 좀 봐!
갯벌을 찾아오는 아름다운 철새 사진,
갯벌에서 사는 갯지렁이와 농게 사진…….
정말 좋은 사진을 많이 찍은 것 같아.
다음에도 우리 함께 더 멋진 여행을 떠나 보자.

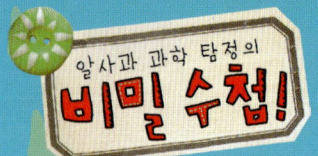

생명이 살아 숨 쉬는 갯벌

바닷물이 드나드는 넓은 땅이 **갯벌**이에요. 갯벌은 바다가 되기도 하고, 땅이 되기도 해요. 갯벌 속에는 아주 많은 생물이 살고 있어요.

꿈틀꿈틀 갯지렁이

갯지렁이는 '바다의 지렁이'라는 뜻이에요. 갯벌을 헤집고 다니면서 쉴 새 없이 갯벌 속에 있는 흙을 밖으로 날라요. 그 덕분에 갯벌 속으로 산소가 들어와서 갯벌이 건강한 거예요.

엉금엉금 조개

조개는 딱딱한 껍데기로 싸여 있어요. 조개껍데기 안에는 커다랗고 넓적한 발이 숨어 있지요. 조개는 이 발을 껍데기 사이로 쓰윽 내밀어서 갯벌 바닥을 밀며 기어 다녀요. 하지만 워낙 느리기 때문에 멀리 가지는 못해요.

🍅 꼼지락꼼지락 낙지

낙지는 낮에는 주로 갯벌 속 깊이 숨어 있다가 밤에 활동을 해요. 머리가 좋은 낙지는 진흙 속에 들어가 몸을 숨기고 있다가, 긴 다리만 밖으로 내밀어 새우, 게, 굴, 조개 따위를 잡아먹는답니다.

🍅 성큼성큼 도요새

도요새는 갯벌에 다리가 빠지지 않아 성큼성큼 잘 걸어 다녀요. 살짝 구부러진 부리로는 갯벌에 사는 먹이를 쉽게 잡을 수 있어요.

🍅 뒤뚱뒤뚱 게

게는 갯벌을 깨끗하게 해 주는 청소부예요. 사람이 갯벌에 들어서면, 어느새 게는 휘리릭 사라지고 말아요. 갯벌에서 가장 많이 볼 수 있는 칠게, 모래 갯벌 위에 동글동글 구슬을 만들어 놓는 엽낭게, 그 밖에도 많은 종류의 게가 오순도순 살아가고 있어요.

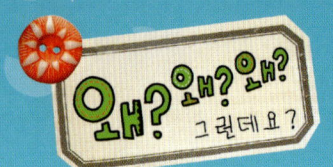

갯벌에 대한 요런조런 호기심!

갯벌은 어디에 생겨요?

갯벌은 바닷물이 들어왔다가 넓게 빠져나가서 바닥이 많이 드러나는 곳에 생겨. 바닷물에 쓸려 온 모래와 진흙이 오랫동안 쌓여서 만들어지는 거야. 그러려면 바닥이 평평하고, 물의 흐름도 느려야 해. 우리나라에서는 서쪽 바닷가에 갯벌이 많단다.

갯벌은 바닥이 평평하고 바닷물이 넓게 빠지는 곳에 만들어져요.

게는 왜 옆으로 걸어요?

게의 다리는 몸통 양옆으로 다섯 개씩 붙어 있어. 각 다리마다 꺾이는 부분인 마디(관절)가 있지. 그런데 이 마디가 안쪽으로만 꺾이기 때문에 앞으로 나가지 못하고 옆으로만 가는 거야. 하지만 밤게는 몸통이 앞뒤로 길쭉하고 다리 사이에 틈이 많아서 앞으로도 걸을 수 있단다.

게 중에 유일하게 앞으로 걸어갈 수 있는 밤게예요.

갈대는 갯벌에 어떤 도움을 주나요?

갈대는 주로 강물과 바닷물이 만나는 물가에서 자라. 갈대는 물에 떠내려오는 나쁜 물질을 걸러 주는 역할을 하지. 이런 갈대가 없다면 갯벌은 금방 지저분해질 거야. 갈대숲은 철새들의 보금자리가 되기도 하고, 방게들이 진흙 속에 굴을 파고 사는 데 도움을 주고 있단다.

우리나라 순천만에 있는 갈대숲이에요.

갯벌에서 뛰어다니는 물고기가 있다면서요?

바닷물이 빠져나간 갯벌에서 펄쩍펄쩍 뛰어다니는 물고기를 볼 수 있어. 그게 바로 말뚝망둑어야. 말뚝망둑어는 어떻게 펄쩍펄쩍 뛸 수 있을까? 그건 바로 가슴지느러미 덕분이야. 말뚝망둑어의 머리 뒤 양쪽에는 짧은 부채처럼 생긴 가슴지느러미가 있거든. 이 가슴지느러미로 갯벌을 디디며 펄쩍펄쩍 뛰어다니는 거야.

말뚝망둑어는 가슴지느러미를 이용해서 펄쩍 뛰어다니거나 기어갈 수 있어요.

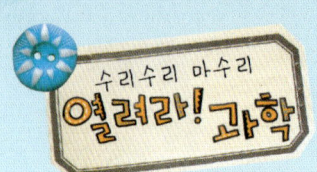 

갯바위에 붙어 살아요

바닷물이 들어왔다 나갔다 하는 바닷가에는 많은 생물이 살고 있어요. 그중에서 따개비, 거북손, 굴, 군부, 고둥, 배무래기는 *갯바위에 붙어 살아요.

갯바위 바닷물이 드나드는 곳에 있는 바위를 말해요.

따개비는 바닷물이 빠져나가면 구멍을 단단히 막고 있다가, 바닷물이 들어오면 구멍 밖으로 긴 털들을 뻗어 *플랑크톤을 잡아먹어요.

거북손은 거북의 발톱을 닮았어요. 바닷물이 들어오면 실처럼 생긴 다리들을 내밀어서 플랑크톤을 잡아먹어요.

플랑크톤 물결을 따라 떠다니는 아주 작은 생물이에요. 우리 눈에 거의 안 보여요.

굴은 겉이 울퉁불퉁한 껍데기로 싸여 있어요. 바위에 붙어 있는 한쪽 껍데기는 조금 크고, 그 위를 덮고 있는 껍데기는 조금 작아요. 속살에는 뼈가 없어요.

배무래기는 삿갓 모양의 조개처럼 생겼어요. 흐물흐물한 속살을 껍데기 하나로 감싸고 있어요.

맛조개를 잡아요

갯벌에서 가늘고 긴 맛조개를 잡아 보아요.

준비물 맛소금, 꽃삽

꽃삽으로 갯벌을 쓱쓱 파면 맛조개가 숨어 있는 구멍이 나와요.

맛조개가 있는 구멍에 맛소금을 솔솔 뿌려요.

뽀글뽀글 거품을 내며 맛조개가 갯벌 위로 올라오면, 손으로 힘껏 잡아 빼요.

맛조개 잡기 성공!

 **엄마, 아빠에게**

갯벌에 가서 직접 체험하는 독후 활동입니다. 갯벌에 사는 여러 생물도 관찰할 수 있도록 해 주세요.